AF309142

EXTRAIT DU MONITEUR UNIVERSEL
du 18 mars 1866

DISCOURS

prononcé par

M. BUFFET

DÉPUTÉ AU CORPS LÉGISLATIF

DANS LA SÉANCE DU 17 MARS 1866

PARIS

TYPOGRAPHIE E. PANCKOUCKE ET Cie

13, QUAI VOLTAIRE, 13

1866

EXTRAIT DU MONITEUR UNIVERSEL

du 18 mars 1866

DISCOURS

prononcé par

M. BUFFET

DÉPUTÉ AU CORPS LÉGISLATIF

DANS LA SÉANCE DU 17 MARS 1866

MESSIEURS,

En prenant la parole au début de la discussion sur l'amendement dont j'ai l'honneur d'être un des signataires, je me propose de bien préciser le sens et la portée de cet amendement, et d'indiquer aussi clairement et aussi brièvement qu'il me sera possible les motifs qui ont déterminé un certain nombre de nos collègues et moi à présenter cette modification au projet d'Adresse.

A la fin de notre avant-dernière séance, l'honorable M. Jules Favre a cherché à établir une certaine identité entre la pensée qui a inspiré la rédaction du projet d'Adresse et celle des deux amendements.

1

Je ne suis pas moins porté que notre honorable collègue à rechercher plutôt ce qui peut rapprocher les différentes fractions de cette Chambre que ce qui les sépare; mais je ne crois pas faire preuve d'intentions moins conciliantes que celles de notre honorable collègue en disant, quand je considère les termes dans lesquels ces deux amendements sont conçus, qu'il m'est absolument impossible d'admettre que des langages aussi différents soient l'expression d'un même sentiment, d'une même politique. J'avouerai même à notre honorable collègue que si je désire très-sincèrement quelques libertés de plus, je serais vraiment tenté de souhaiter une liberté de moins, celle qui consiste à mettre personnellement en cause le Souverain (Très-bien! très-bien!), à en faire, selon l'expression de l'honorable M. de Saint-Paul, l'objectif de nos discussions. (Très-bien! très-bien!)

Quant au projet de la commission, je tiens à dire dès à présent que nous ne sommes pas, je le pense du moins, en désaccord réel sur le fond des choses; car, comme la commission, et, je ne crains pas d'ajouter comme l'immense majorité, sinon comme l'unanimité de cette Chambre, nous voulons, nous désirons le sage progrès de nos libertés, de nos institutions; nous ne désirons pas, nous ne voulons pas autre chose.

Mais à une expression plus nette, plus précise, — je démontrerai que tel est le caractère de celle de l'amendement, — à une expression plus nette, plus précise, plus accentuée, si vous le voulez, d'une pensée qui, je le crois, nous est commune, nous avons cru qu'il était utile, qu'il était convenable, qu'il était à propos d'ajouter une indication d'opportunité.

En effet, messieurs, nous ne sommes pas ici une académie se proposant de résoudre cette question résolue pour tout le monde, acceptée par les opinions les plus divergentes, et qui, par conséquent, n'en caractérise nettement aucune, que la stabilité n'est pas incompatible avec le sage progrès.

Nous sommes une assemblée politique, une assemblée d'hommes chargés de faire les affaires actuelles du pays; et par conséquent, pour nous, la question sérieuse est celle de savoir s'il y a aujourd'hui, à l'époque où nous sommes, un progrès à réaliser qui soit sage, c'est-à-dire qui soit opportun.

L'indication d'opportunité était donc nécessaire. Je sais cependant par quelques observations que plusieurs de nos collègues m'ont fait l'honneur de me communiquer, que cette indication a paru à certains esprits une atteinte au moins indirecte à l'initiative impériale, que nous invoquons avec une légitime confiance.

Je ne saurais admettre et j'ai même quelque peine à comprendre une semblable objection : car enfin l'initiative impériale, si spontanée qu'elle soit, ne doit pas agir et n'agit pas en effet capricieusement et au hasard; elle a pour mobiles les vœux réels, les besoins bien constatés du pays.

Les problèmes politiques ne sont pas, comme les problèmes des sciences exactes, de ceux que l'on peut résoudre par l'action d'une pensée solitaire, si haute et si puissante qu'elle soit.

La solution donnée à ces problèmes n'est vraiment bonne, n'est vraiment salutaire, que lorsqu'elle est d'accord avec les faits, avec les circonstances, et, je le répète, avec les vœux et les besoins du pays. (Très-bien! très-bien!)

Or, comment la Couronne serait-elle informée de ces besoins et de ces vœux, si elle ne l'était par cette Chambre, si elle ne l'était par vous, messieurs, qui êtes les seuls délégués officiels du pays? (Très-bien! très-bien!) Comment la Couronne serait-elle renseignée si vous ne vous imposiez pas le devoir de l'instruire de ce qui se passe dans le pays, de l'état de l'opinion publique?

Ce n'est pas moi, messieurs, remarquez-le bien, qui vous attribue cette mission, qui vous reconnais ce caractère : c'est la Couronne elle-même. Vous n'avez pas oublié, sans doute, ces mémorables paroles que rapportait ici, à l'ouverture de la session de 1861, notre regretté Président, M. le duc de Morny, ces paroles par lesquelles Sa Majesté avait fait connaître à ses ministres son intention de donner le décret du 24 novembre. Que disait l'Empereur? Je cite textuellement : « Je veux connaître l'opinion du « pays par l'organe de ses députés. » (Très-bien! très-bien!)

Dès lors, messieurs, j'ai bien le droit de dire que, quand nous apportons, dans le langage le plus respectueux, jusqu'au pied du trône, l'expression du sentiment public tel qu'il nous apparaît, loin d'empiéter sur l'initiative impériale, nous ne faisons que répondre à son appel (Très-bien ! — Nouvelles marques d'adhésion), et que lui prêter précisément le concours non-seulement que la Couronne attend, mais qu'elle réclame de nous, et que nous n'avons pas le droit de lui refuser. (Nouvelle approbation.)

Mais si notre droit, messieurs, et notre devoir sont incontestables, usons-nous aujourd'hui de ce droit avec opportunité? Sans aucun doute.

Il faut, messieurs, dans une discussion aussi grave, il faut écarter tous les voiles, et nous représenter les choses telles qu'elles sont. Eh bien, j'affirme qu'il y a aujourd'hui en présence, je ne dis pas dans les conseils du Gouverne-

ment, mais à côté et dans des régions offi-
cielles, qu'il y a en présence dans le pays
même, bien que dans des proportions extrêmement inégales, des représentants de
deux politiques que je demande à la Chambre la permission de bien définir. Il y a des
hommes qui croient que le décret du 24 novembre a été une concession dangereuse, inop-
portune, contraire à l'esprit de la Constitution, une concession qui a fait sortir le Gouvernement impérial de sa voie naturelle, qui
lui a suscité des difficultés que le sentiment
public ne l'appelait pàs à affronter. Pour les
personnes placées à ce point de vue, le décret
du 24 novembre est devenu peut-être, si je
puis ainsi parler, un mal chronique, nécessaire, qu'on n'a plus espoir de guérir complétement, mais que de sages médecins doivent
s'appliquer à restreindre dans les plus étroites
limites ou au moins à empêcher de s'étendre.

Il y a une autre politique qui considère le
décret du 24 novembre comme un bienfait
(Très-bien !) ; la Chambre verra que je n'a-
moindris pas l'importance de cet acte vraiment
mémorable, — il y a une autre politique dont
les adhérents, considérant ce décret comme
un bienfait, pensent qu'il faut étendre ce bienfait avec prudence sans doute, mais avec
suite, et qu'il faut le rendre de plus en plus
fécond. (Très-bien ! sur plusieurs bancs.)

M. Emile Ollivier. C'est cela !

M. Buffet. Eh bien, messieurs, je dis que
ces deux politiques ne se sont jamais trouvées
plus directement en présence qu'aujourd'hui,
et qu'il est de la dernière importance, du devoir absolu de cette Chambre, de dire nettement,
par une expression qui ne puisse prêter à aucune
ambiguïté, quelle est, entre ces deux politi-

ques, celle à laquelle le sentiment général du pays adhère. (Marques d'adhésion.)

Mes honorables collègues qui ont signé l'amendement, et moi, nous ne venons pas ici demander le remaniement et, par conséquent, causer l'ébranlement des fondements mêmes de notre édifice politique. Nous n'avons pas la prétention d'opposer un système à un système, une théorie à une théorie. Je pourrais même, sans amoindrir, — vous le verrez tout à l'heure, — la portée réelle de l'amendement, dire qu'il ne tend pas à obtenir de la Couronne que de nouvelles assises soient placées sur les fondements de notre édifice constitutionnel, mais simplement, et cela est très-considérable, que l'on donne à une assise déjà posée les conditions de stabilité et d'aplomb qui nous paraissent jusqu'ici lui faire défaut. (Très-bien ! sur quelques bancs.)

Je n'ai pas, messieurs, la prétention, qui serait assurément fort déplacée de ma part, d'expliquer à la Chambre le décret du 24 novembre. Mes honorables collègues le connaissent beaucoup mieux que moi, ayant eu, pour la plupart du moins, à l'appliquer depuis plus longtemps.

Mais, pour bien préciser la pensée et le but de l'amendement, j'ai besoin d'insister un peu sur la disposition fondamentale de ce décret ; sur la disposition dont toutes les autres ne sont en quelque sorte que les moyens d'exécution.

Quelle est, messieurs, la disposition fondamentale du décret du 24 novembre? Je prie la Chambre de vouloir bien me prêter sur ce point une grande attention, car là est le pivot de toute la discussion.

Je dis, messieurs, que la disposition fondamentale du décret du 24 novembre est celle-ci: Pendant la période comprise non pas entre la Constitution, entre le plébiscite, mais entre le décret portant règlement des travaux des grands corps do l'Etat et lo décret du 21 novembre 1860, lo pays n'avait pas la faculté d'exprimer ouvertement, distinctement, officiellement son avis sur la marcho des affaires et sur la conduite du Gouvernement.

Chaque citoyen pouvait sans doute exprimer son sentiment personnel, très-librement dans la convoisation, moins librement dans la presse, sur les affaires publiques; mais aucun citoyen, aucun organo do publicité n'avait et n'aura jamais le droit do dire: Mon avis, mon jugement, sont l'avis, lo jugemont du pays et doivent être reçus comme tels.

Cette Chambre seule, messieurs, a lo droit de tenir un semblable langage, parco qu'elle est composéo des délégués du pays tout entier, parco qu'elle est composée des délégués du pays siégeant ici on vertu d'un mandat temporaire et révocable qui les tient, par conséquent, en rapport nécessaire, en relation intime avec lo pays. Et si même, pendant la durée d'une législature, il y avait lieu de supposer qu'un désaccord existe entre cette Chambre et lo pays, il y aurait une manière extrêmement simple et régulière do constater la réalité de ce désaccord et d'y mettro un terme : ce serait de renvoyer, par la dissolution, les mandataires devant leurs mandants, les députés devant leurs juges naturels; mais, tant qu'on n'use pas de ce droit, on admet nécessairement que le jugement émis par cette Chambre et l'appréciation qu'elle fait des actes du Gouvernement sont le jugement et l'appréciation du pays.

Eh bien, messieurs, ce droit, dont l'exercice s'est trouvé suspendu pendant la période des neuf années que je viens d'indiquer, lo décret du 24 novembre l'a rétabli, et je ne crains pas de dire que, ce jour-là, le Gouvernement impérial a fait le pas décisif dans la voie des gouvernements libres, car c'est essentiellement ce droit de contrôle du pays sur la direction de ses affaires qui caractérise les gouvernements libres et les sépare de ceux qui ne le sont pas. (Très-bien ! sur quelques bancs.)

J'ai entendu dire que cette concession, que le rétablissement de ce droit, était sans portée et sans valeur parce que le décret du 24 novembre, en reconnaissant au pays le droit de manifester son opinion et son jugement par l'organe de cette Chambre, n'avait pas décidé que ce sentiment, que ce jugement du pays, serait la règle obligatoire de la conduite du Gouvernement.

Permettez-moi de répondre, messieurs, que ceux qui font cette objection me semblent s'attacher plus aux mots, aux formules, qu'aller au fond des choses. Je comprends très-bien qu'à ces époques déjà reculées de notre histoire que notre illustre collègue M. Thiers rappelait au commencement de la discussion de l'Adresse, les doléances des états généraux, les remontrances des parlements, restassent souvent sans résultat. Mais veuillez remarquer, messieurs, que les parlements n'étaient, après tout, que des corps judiciaires exerçant, par une sorte d'usurpation, souvent justifiée par les services qu'ils rendaient, des attributions politiques, mais n'ayant, en définitive, reçu aucun mandat du pays, et étant d'ailleurs, il faut bien le reconnaître, souvent dirigés par un esprit de corps, par des vues particulières, par des intérêts de castes qui n'étaient pas toujours en parfait accord avec les vues, avec les intérêts du pays.

Quant aux états généraux, on les convoquait très-rarement ; et d'ailleurs, eussent-ils été réunis plus souvent, les résolutions qu'ils adoptaient, les vœux qu'ils émettaient dans un temps où la presse n'existait pas, où les communications étaient difficiles, avaient, par la force même des choses, peu d'écho dans le pays.

Mais, en est-il de même aujourd'hui, aujourd'hui où chaque parole prononcée dans cette enceinte, où chacune de nos résolutions communiquée, avec une rapidité extraordinaire, au pays tout entier, va retentir jusque dans les plus humbles hameaux?

Je dis que, dans ces conditions toutes nouvelles, l'opinion exprimée au nom du pays par la Chambre de ses députés, que cette opinion a en elle une force propre, une efficacité intrinsèque, à laquelle les formules constitutionnelles ou législatives ne peuvent guère ajouter et qu'elles ne sauraient affaiblir.

On a dit aussi, messieurs, à propos du décret du 24 novembre, que le pays, non-seulement ne réclamait pas, mais qu'il ne désirait pas ce droit de contrôle qui lui a été rendu.

A ceux qui parlent ainsi, je réponds : Qu'en savez-vous ?

Ce que je sais, moi, c'est que, lorsque le décret a été promulgué, et lorsque, en vertu même d'une disposition de ce décret, cette Chambre a pu faire connaître son sentiment, elle a témoigné à la Couronne la satisfaction et la reconnaissance du pays.

Mais quand il serait vrai que la Couronne eût éprouvé, la première, le besoin d'être fortifiée, selon les paroles du discours de 1861, par l'adhésion explicite des grands corps de l'Etat ou éclairée par leurs conseils; quand il serait vrai que la Couronne eût éprouvé la première le besoin de rendre le pays solidaire de la politique gouvernementale, qu'est-ce que cela prouverait? Cela ne prouverait qu'une chose : c'est que la Couronne a rempli, dans cette circonstance, comme elle

lo remplira toujours, je l'espère, son rôle na-
turel, sa mission de prévoyance.

Mais j'ose dire que la Couronne a agi avec
une grande opportunité, et que les circonstances qui se produisaient alors auraient
rendu bien sensible pour le pays la privation
prolongée de ce droit de discussion et de contrôle qui appartient aujourd'hui à presque
toutes les nations de l'Europe.

Il surgissait alors des questions de la dernière gravité, des questions dans lesquelles la
France avait le premier intérêt et le premier
rôle, des questions qui allaient être débattues
à toutes les tribunes de l'Europe : croyez-vous
que le pays eût été satisfait d'entendre discuter ses propres affaires hors de chez lui et
sans lui, sans pouvoir dire, à son tour, son
sentiment ?

Non, messieurs.

La Couronne a donc été prévoyante. Elle
a pressenti le sentiment certain du pays, et
un besoin très-réel. (Marques d'assentiment
sur plusieurs bancs.)

Mais si nous sommes d'accord sur ce
point, que le contrôle du pays sur les actes
du Gouvernement, sur les grandes affaires
intérieures et extérieures, est un bien, comment
n'admettrions-nous pas avec la même unanimité que ce contrôle doit être exercé dans
les conditions les plus propres à le rendre aussi
profitable que possible ?

Eh bien, dans quelles conditions ce droit
s'exerce-t-il, d'après le décret du 24 novembre ?

Il faut d'abord, vous en conviendrez, messieurs, pour être réellement utile, que l'exercice de ce droit soit opportun. Or, aujourd'hui,
à quel moment exerçons-nous, au nom de la
France, notre droit de contrôle, d'appréciation
nette, explicite, de la conduite du Gouvernement et des grandes affaires du pays ?

Nous ne l'exerçons qu'au moment de l'Adresse et par l'Adresse.

Ce moment est-il toujours le plus convenable ?

Je n'ai pas ici de démonstration à faire, le Gouvernement s'en est chargé l'autre jour ; c'est lui qui vous a parfaitement prouvé qu'il y aurait le plus grave inconvénient à discuter certaines affaires sur lesquelles, cependant, il reconnaît que nous devons émettre notre avis, à les discuter au mom nt de l'Adresse.

Que:ques membres. C'est vrai !

M. Buffet. Eh bien, si nous ne les discutons pas, si nous ne les apprécions pas au moment de l'Adresse, comment et quand les discuterons-nous, les apprécierons-nous ?

Nous aurons, dit-on, la discussion du budget.

Permettez-moi, messieurs, — et c'est ici un point très-important, — permettez-moi de chercher à détruire les illusions que je rencontre à cet égard dans beaucoup de bons esprits.

Je dis que la discussion et le vote du budget ne peuvent, en aucune façon, aujourd'hui, servir à la manifestation claire, précise de la pensée de la Chambre sur les actes du Gouvernement. Et, pour le démontrer, je prendrai comme exemple cette même question du Mexique, à laquelle tout à l'heure je faisais allusion.

Je suppose que nous soyons arrivés à la discussion des crédits supplémentaires et notamment du crédit demandé pour solder les dépenses de l'expédition. A cette occasion, le Gouvernement nous exposera, autant que sa prudence et le sentiment de sa responsabilité le lui permettront, la conduite qu'il a tenue, celle qu'il se propose de tenir.

Les membres de cette Chambre qui approuveront cette politique voteront le crédit demandé : rien de plus simple.

Mais il peut se présenter deux opinions qui soient à la fois contraires à la politique du Gouvernement et opposées entre elles. Certains membres de cette Chambre peuvent croire que l'expédition est trop prolongée, qu'il faut y mettre un terme : que feront-ils? Ils proposeront une réduction du crédit.]D'autres membres seront peut-être partisans de l'opinion qui a trouvé dans une autre enceinte un organe illustre dans la personne de l'honorable maréchal Forey, et reprocheront au Gouvernement non pas de trop prolonger l'expédition, mais de n'employer pour la conduire que des moyens insuffisants : que feront-ils? Ils réclameront une augmentation de nos forces au Mexique, et, comme manifestation de leur opinion, ils demanderont un accroissement du crédit.

Comment la Chambre se prononcera-t-elle ? Elle ne peut le faire qu'en prenant l'un ou l'autre de ces deux partis : ou adopter le crédit, ou renvoyer la section à la commission.

Si la Chambre adopte le crédit, le Gouvernement pourra, jusqu'à un certain point, — je dis jusqu'à un certain point, — considérer ce vote comme une approbation de sa conduite. Mais si la Chambre renvoie la section à la commission, cette décision résultera des votes de ceux qui trouvent que l'on prolonge trop l'expédition et qui proposent une réduction, et des votes de ceux qui pensent qu'on ne fait pas assez, qu'il faut faire davantage; et dès lors cette résolution, au lieu d'éclairer le Gouvernement, sera une véritable énigme dont on le chargera de deviner le mot...

Quelques voix. Très-bien ! très-bien !

M. Buffet. Vous voyez donc, messieurs, que le droit d'amendement, tel qu'il est aujourd'hui pratiqué, ne permet en aucune façon à la Chambre, dans une foule de circonstances, de manifester clairement son avis même sur une loi, et qu'on pourrait, ce me semble, et c'est là un des sérieux *desiderata* de l'état de choses actuel, nous accorder la faculté de prendre en considération un amendement et de le renvoyer isolément à la commission.

Mais quand même cette réforme, dont l'utilité me paraît incontestable, serait déjà réalisée, je soutiens que le budget ne pourrait être, même alors, le moyen pour la Chambre de faire connaître nettement son sentiment sur la politique du Gouvernement.

A une autre époque, il pouvait en être autrement, parce que les modifications proposées au budget dans une pensée politique avaient pour commentaire les discours prononcés dans la Chambre par les chefs de l'opposition, par des hommes qui auraient été appelés, en cas d'adoption d'un amendement, à former une nouvelle administration, à agir, dès lors, conformément aux principes qu'ils avaient posés. Mais, aujourd'hui, dans le système de nos institutions, il n'en est plus ainsi ; par conséquent, il est impossible de savoir la signification vraie, la signification complète d'un vote de réduction, ou d'un vote d'augmentation sur le budget.

Je ne vois donc, messieurs, qu'un seul moyen de permettre à cette Chambre d'exercer avec netteté, avec opportunité son droit de contrôle, c'est de lui accorder le droit d'interpellation. (Mouvement.)

Je le demande, quels inconvénients ce droit pourrait-il présenter, si on le soumet d'ailleurs à une réglementation convenable ? Cette réglementation serait sans doute fort difficile, impossible même, s'il s'agissait de substituer l'interpellation à l'Adresse, parce que, s'il s'agissait, non pas d'ajouter le droit d'interpellation à l'Adresse, mais de le lui substituer, et si vous soumettiez l'exercice de ce droit à l'assentiment de la majorité, vous pourriez fermer ainsi complétement la bouche à la minorité. Mais lorsque le droit de la minorité trouve satisfaction dans l'Adresse, je ne vois aucune objection à entourer le droit d'interpellation de conditions et de garanties qui en préviennent les abus et qui l'empêchent de devenir une entrave à l'expédition des affaires.

Il ne suffit pas, messieurs, que le contrôle du pays, exercé par cette Chambre, soit opportun, il faut encore qu'il soit éclairé, et il ne peut l'être que par une connaissance approfondie des affaires ; et cette connaissance ne saurait être acquise par cette assemblée et par le pays qu'au moyen d'une discussion sérieuse et vraiment contradictoire.

Entre qui, messieurs, cette discussion s'engagera-t-elle ? Sera-ce entre les membres de cette assemblée et les membres du conseil d'Etat ? Lorsqu'il s'agit de discuter, non pas les lois, mais la politique, les actes du Gouvernement, le conseil d'Etat, est-il, comme on l'a dit dans une autre enceinte, le véritable point de jonction entre ces deux grandes lignes parallèles de l'autorité et de la liberté, qui, selon un honorable sénateur, ne doivent jamais se rencontrer, afin de ne pas se heurter ? Non, messieurs, assurément.

J'ai pour le conseil d'Etat la plus haute et la plus sincère estime ; je suis convaincu que les administrateurs, les jurisconsultes éminents qui le composent, sont, par leurs talents, par leur caractère, par leur intelligence des affaires, au niveau de tous les devoirs et de toutes les tâches, mais à une condition, messieurs, c'est que la tâche qui leur sera imposée ne soit pas complétement étrangère à leurs attributions.

Eh bien, je dis que les personnes qui croient que les membres du conseil d'Etat, n'ayant de la politique du Gouvernement qu'une connaissance de seconde main, n'apprenant cette politique que par le dossier tout préparé qui leur est remis et par quelques explications plus ou moins complètes, que les personnes qui croient que les membres du conseil d'Etat peuvent, dans ces conditions, présenter une défense efficace du Gouvernement, ne se font pas une idée exacte des difficultés d'une pareille tâche. (Très-bien ! très-bien !)

Sans doute, messieurs, cette tâche semble facile à certains moments de somnolence de l'esprit public; mais lorsque cet esprit public est réveillé, lorsque le besoin, le goût de contrôle existe et qu'il se manifeste par l'organe de cette Chambre, je dis qu'alors, pour que le Gouvernement puisse faire face à cette œuvre ardue de défendre, de faire prévaloir sa politique, non-seulement dans cette Chambre, mais dans le pays, il faut qu'il ait pour interprètes des hommes qui soient familiarisés avec cette politique même, non pas par une étude momentanée, mais par une participation journalière; des hommes qui se soient identifiés en quelque sorte avec cette politique et qui en soient devenus la personnification.

Plusieurs membres. Très-bien ! très-bien !

M. Buffet. C'est à ces conditions seulement, messieurs, que ces hommes, quel que soit d'ailleurs leur talent, pourront affronter toutes les attaques et rendre au pays même et à la Couronne le service de défendre avec autorité la politique qu'ils auront pratiquée.

Il est donc évident que le débat sur la conduite du Gouvernement ne peut être soutenu que par des ministres, et la Couronne l'a parfaitement compris : le jour même où elle a reconnu à cette Chambre, organe du pays, le droit, non plus seulement de voter l'impôt et le budget, mais de contrôler les actes mêmes du Gouvernement, ce jour là, la Couronne a décidé qu'aux commissaires du Gouvernement seraient adjoints pour la discussion des ministres. (Marques d'assentiment.)

Que ce soient d'abord trois ministres sans portefeuille et plus tard le ministred'Etat, et le ministre président le conseil d'Etat, peu importe; la Couronne a jugé avec grande raison qu'il était nécessaire que son Gouvernement eût pour organes et pour défenseurs des ministres.

Seulement, on a pensé qu'en tenant compte de cette nécessité, il fallait éviter de tomber dans l'inconvénient que les régimes antérieurs ont, dit-on, révélés : l'inconvénient de mettre le Gouvernement en contact direct avec la Chambre, parce qu'alors, le ministère se trouverait asservi à la majorité, que nous rentrerions dans les crises ministérielles, et que nous verrions recommencer la chasse aux portefeuilles.

Comment éviter cet inconvénient?

On s'est avisé d'une combinaison qui est assurément ingénieuse : on a pensé qu'il fallait diviser les ministres en deux catégories : les ministres agissants et les ministres parlants, et qu'en mettant les ministres parlants seuls en contact avec la Chambre, on ne ferait paraître, en quelque sorte, devant la Chambre et le pays, que la pensée même du Gouvernement, tandis que les personnes resteraient complétement à l'abri des attaques et des compétitions.

Voyons, messieurs, comment cette combinaison s'est comportée en présence des faits. Quand j'ai entendu, à l'une de nos dernières séances, l'honorable M. Larraburo par ses éloges, auxquels je m'associe d'ailleurs presque sans réserves, et l'honorable M. de Saint-Paul, par des critiques assurément très-vives, mettre personnellement en cause un ministre de la Couronne, je me suis demandé ce qu'est devenue la théorie de l'isolement des ministres d'action (Sourires sur quelques bancs); je me suis dit que ce serait une singulière manière de protéger les ministres contre les luttes parlementaires, que de laisser les attaques se porter sur eux, en leur interdisant la défense personnelle. (Très-bien! très-bien! sur plusieurs bancs.)

Mais cet incident n'était nullement nécessaire pour me démontrer, et, je crois, pour démontrer à la Chambre, que la distinction entre les ministres d'action et les ministres de la parole repose, permettez-moi de le dire, sur une pure fiction. (Marques d'adhésion sur les mêmes bancs.)

Je comprends très-bien qu'il y ait dans un gouvernement des ministres agissant et ne parlant pas, mais je ne comprends pas qu'il y ait des ministres parlant sans agir.

Qu'est-ce, en effet, messieurs, que la véritable action gouvernementale? Consiste-t-elle dans la direction ou la surveillance d'une branche des services publics? Evidemment non. C'est là de l'administration. L'action gouvernementale consiste dans des résolutions prises sur les grandes affaires de l'Etat par la Couronne dans son conseil des ministres.

Plusieurs membres. C'est cela! très-bien!

M. Buffet. Eh bien, je soutiens qu'à cette

action vraiment gouvernementale, les ministres
de la parole prennent une part, je ne dis pas
égale, je dis très-supérieure, à celle de leurs
collègues. Et en effet, veuillez remarquer qu'il
y a aujourd'hui un conseil des ministres dont
le véridique *Moniteur* nous apprend, plusieurs
fois par semaine, la réunion sous la prési-
dence de Sa Majesté. Et ne croyez pas, messieurs, que ce soit là un fait sans importance;
il n'a pas échappé à l'attention vigilante de
l'honorable Président du Sénat, qui l'a si-
gnalé dans un de ses rapports. Il y a un conseil des ministres.

Assurément, messieurs, je n'ai pas la pensée, et d'ailleurs je serais hors d'état de la
réaliser, de jeter un regard indiscret sur ce
qui se passe dans ce conseil; mais cela n'est
pas nécessaire. En effet, dire qu'il y a un conseil, c'est dire que chaque ministre, appelé
par son Souverain à délibérer sur les affaires
de l'Etat, n'est pas renfermé dans sa spécia-
lité, que chacun d'eux est invité à donner son
avis sur toutes les affaires dont le conseil se
trouve saisi; car autrement il serait impossible de comprendre la réunion d'un conseil.
(Nombreuses marques d'assentiment.)

Si le ministre des affaires étrangères ne
devait parler dans le conseil que pour sou-
mettre à son souverain son respectueux
avis sur les questions de la politique étrangère, le ministre de la marine que sur les
questions de la marine, le ministre de la
guerre que sur les questions de la guerre,
pourquoi les réunir tous ensemble ? Ce serait,
évidemment, une perte de temps pour chacun
d'eux ? (Nouvel assentiment.)

Du moment où il y a un conseil, que la
part des ministres soit petite ou grande
dans les décisions, je dis que celle des ministres
de la parole est infiniment plus considérable

que celle de leurs collègues, et la raison en est évidente. Si chaque ministre venait ici défendre les affaires du service dont il est chargé, le ministre de la guerre pourrait défendre la réduction ou l'augmentation de l'effectif avec une pleine liberté et une entière conviction, alors même que, sur ce point, son collègue de la marine ou son collègue des finances serait d'un avis tout à fait différent. Mais, comme chaque ministre ne vient pas ici et qu'ils sont tous représentés par deux de leurs collègues, il est indispensable que les résolutions adoptées soient conformes à l'opinion, à l'avis des deux ministres de la parole, car si elles étaient contraires, évidemment les deux hommes d'Etat, qui siégent en face de moi, ne viendraient pas, avec ces accents inspirés par la conviction la plus profonde, défendre les actes de leurs collègues.

Voix nombreuses. Très-bien ! très-bien !

M. le ministre d'Etat. Vous avez raison ! Seulement nous représentons l'Empereur et non pas nos collègues. (Mouvements divers.)

M. Buffet. M. le ministre d'Etat, si j'ai bien entendu son interruption, me fait l'honneur de me dire que les ministres de la parole ne parlent pas au nom de leurs collègues, mais au nom de l'Empereur.

Sans doute les résolutions prises par le Gouvernement sont les résolutions de l'Empereur; mais j'affirme que M. le ministre d'Etat et M. le président du conseil d'Etat ne viennent défendre ces résolutions de la Couronne, prises en conseil, que parce qu'elles sont conformes à leur conviction personnelle, car je ne leur ai jamais entendu dire qu'ils étaient ici de simples porteurs de paroles, les avocats officieux d'une cause qui leur serait, jusqu'à un certain point, étrangère. Non ! ils s'identifient avec la politique du Gouvernement, et, s'ils agissaient autrement, ils manqueraient, — M. le ministre d'Etat le reconnaîtra certainement, — ils manqueraient à tous leurs devoirs.

M. le ministre d'Etat. Entièrement !

M. Buffet. Eh bien, si les ministres de la parole sont aussi complétement, plus complétement même qu'aucun de leurs collègues, identifiés avec la politique du Gouvernement, il en résulte que quand nous les avons devant nous, nous sommes aussi directement en contact avec le Gouvernement que si leurs collègues étaient présents. (Rires et mouvements divers.)

Quelques membres. Eh bien, alors !

M. Buffet. Eh bien alors, si le contact direct du Gouvernement avec la Chambre, de tous les ministres avec la Chambre, avait les inconvénients qu'on lui attribue, ces inconvénients se présenteraient dès aujourd'hui ; or, vous ne les avez jamais remarqués, ni moi non plus. J'ai donc le droit d'affirmer qu'ils sont chimériques. Mais j'ajoute que pour éviter un inconvénient chimérique, le Gouvernement en subit un très-réel. Le Gouvernement est présent dans cette enceinte ; mais il y est à un état de concentration que je trouve regrettable à beaucoup de points de vue.

Je pourrais, pour le démontrer, interroger les faits ; mais je préfère, comme je l'ai fait déjà dans une discussion précédente, demander à la Chambre la permission de recourir à une hypothèse.

Je suppose qu'un homme d'Etat momentanément écarté du maniement des affaires, mais portant aux grandes affaires de son pays cet intérêt que l'on ne cesse jamais d'éprouver quand on l'a une fois ressenti, que cet homme d'Etat croie apercevoir dans une des branches les plus importantes du service public, dans la direction des finances, par exemple, un grand mal ; qu'il croie devoir signaler ce mal à l'attention du souverain et en même temps en indiquer le remède ; supposez qu'il donne à l'appui de son opinion des raisons très-convaincantes, et que le souverain lui dise : « Votre système est bon, je l'adopte, venez l'appliquer ; » supposez que cet homme d'Etat accepte cette mission, et qu'il se mette à l'œuvre. Mais, pour la réalisation de son système, le concours de cette Chambre, son approbation est nécessaire. Si le ministre pouvait venir ici, rien ne serait plus simple, il produirait devant le parlement ses raisons qui ont paru très-convaincantes à la Couronne. Malheureusement, il n'en a pas le droit ; et s'il se trouve que le Gouvernement soit représenté dans cette Chambre par trois ministres de la parole parmi lesquels il y aurait, par exemple, deux jurisconsultes et un homme profondément versé dans l'administration financière, il est probable que c'est à celui-ci que le nouveau ministre s'adressera. Mais si ce ministre orateur est un des prédécesseurs de celui qu'il s'agit de défendre (Rires sur quelques bancs), et s'il a quelque raison de croire que les critiques très-vives dirigées par son successeur peuvent jusqu'à un certain point atteindre sa propre administration, dans quelle situation se trouvera-t-il lorsqu'il aura à démontrer devant vous que son successeur a aperçu un mal qui lui avait échappé, et indiqué un remède dont il ne s'était pas avisé?

Je sais très-bien qu'on n'est vraiment digne de si hautes fonctions qu'à la condition d'y apporter une abnégation parfaite ; mais il ne faut cependant pas trop demander à la nature humaine, et si le ministre placé dans cette situation au moins délicate était conduit à dé-

montrer qu'après tout le mal n'était pas aussi
grand qu'on l'a fait, ni le remède aussi absolument nécessaire, je trouverais cela, je l'a-
voue, très-naturel, très-légitime, mais il me
semblerait très-naturel et très-légitime aussi que
ce système de défense ne fût pas précisément
du goût du ministre d'action, et que celui-ci
préférât se défendre lui-même et à sa manière.

Il peut encore se présenter une autre hypothèse. Il peut arriver, non pas ici, mais dans
une autre enceinte, que le ministre client et
le ministre défenseur se trouvent face à face,
et que le ministre de la parole, exposant une
question qui touche de très-près le ministre
client, ne le fasse pas d'une manière qui ré-
ponde exactement à la pensée de ce dernier. Le
ministre qui n'est pas défendu à son gré prendra
la parole comme simple sénateur, bien entendu;
mais, enfin, ni le Sénat ni le public n'oublie-
ront qu'il y a un lien fort étroit, très-intime,
entre ce sénateur et le ministre en question.

Je le demande, messieurs, pourquoi se créer
ces difficultés, ces embarras, lorsqu'on n'évite
ainsi aucun des inconvénients réels ou suppo-
sés de la présence de tous les ministres dans la
Chambre?

Mais il y a quelques-uns de nos honorables
collègues qui disent, — je crois du moins sai-
sir cette pensée dans quelques-unes de leurs
paroles : — De quoi vous mêlez-vous? Pourquoi vous préoccupez-vous à ce point des conditions de la défense du Gouvernement? Après
tout, cela le regarde; s'il se trouve bien
défendu de cette manière, pourquoi voulez-vous
qu'il le soit encore mieux?

En vérité, messieurs, cette objection serait
bien peu sérieuse. Est-ce que ce débat entre le
Gouvernement et la Chambre serait par hasard
une partie d'échecs dans laquelle chacun met-
trait son enjeu distinct, et dont le public for-

merait la galerie? Non, messieurs, ce qui est
en jeu, ce sont les plus grands intérêts de la
France, et ces intérêts exigent que les conditions du débat dont ils sont l'objet soient aussi
parfaites que possible ; je crois avoir démontré
qu'elles ne le sont pas encore aujourd'hui.

Mais ce n'est pas seulement l'intérêt de la
défense du Gouvernement qui rend éminemment désirable la présence des ministres dans
cette Chambre. Si tous les conseillers de la
Couronne venaient habituellement parmi
nous, ils trouveraient ici, par ces communications journalières avec les mandataires du
pays, des lumières, des renseignements qui
pourraient être éminemment utiles au main-
tien d'une bonne et constante harmonie entre
le Gouvernement, la Chambre et le pays.

J'ai entendu souvent faire contre la présence de tous les ministres dans la Chambre
une objection que je n'aurais pas le droit, si
elle s'était produite dans cette discussion,
de qualifier comme je vais le faire. Mais
comme personne jusqu'à présent ne se l'est
appropriée, il m'est bien permis de dire que
c'est une objection puérile.

Elle consiste à soutenir que la présence de
tous les ministres dans la Chambre aurait pour
résultat d'exclure du Gouvernement tous les
hommes qui n'ont pas le talent de la parole.

Je le répète, je ne connais pas d'objection
moins sérieuse que celle-là. Il est évident,
d'abord, qu'il ne s'agit pas d'imposer à tous
les ministres l'obligation de se défendre eux-
mêmes, mais simplement de leur en donner la
faculté, sans leur ôter le droit dont ils ont
usé de tout temps... (Interruption.) A aucune
époque, et sous aucun Gouvernement, on n'a
imposé à un ministre l'obligation de se défendre lui-même, et quelquefois un ministre
a été défendu par un de ses collègues ; mais je

dis qu'en fait il arrivera fort rarement qu'un ministre recoure pour sa défense à l'un de ses collègues, même quand il ne serait pas orateur.

M. Glais-Bizoin. Le maréchal Soult, par exemple.

M. Buffet. Les personnes qui ont observé avec attention ce qui se passe dans les assemblées délibérantes savent très-bien que fort souvent ce n'est pas seulement le discours, c'est l'homme surtout que l'on écoute. Et si cet homme est entouré du prestige de grands services rendus au pays, s'il se présente avec l'autorité de l'expérience et d'une connaissance approfondie du sujet qu'il traite, son discours, très-critiquable au point de vue de l'esthétique oratoire, aura, pour décider un vote, une efficacité que ne possède pas toujours le discours le plus habile. (C'est vrai ! — Très-bien sur quelques bancs.)

Je crois donc, messieurs, que la présence des ministres dans la Chambre n'aurait que des avantages pour la Couronne et pour le pays.

Je sais très-bien quelle est, à ce sujet, la préoccupation d'un grand nombre d'esprits, j'y ai répondu déjà ; mais je veux encore préciser davantage la question.

On dit : Prenez garde, la présence des ministres dans la Chambre, ce serait le gouvernement parlementaire avec les crises ministérielles, avec les luttes de portefeuille. Je réponds encore, si ces inconvénients étaient réels, ils pourraient se produire aujourd'hui.

Mais je serais bien aise que les personnes qui font cette objection voulussent bien expliquer ce qu'elles entendent par gouvernement parlementaire, et comment il faut que le gouvernement fonctionne pour n'être pas parlementaire. Voulez-vous proclamer en principe que l'opinion publique formulée par cette Chambre n'exercera jamais sur la politique du Gouvernement aucune influence, aucune action ?

Plusieurs voix. Non ! non !

M. Buffet. Vous ne le voulez pas ? Nous sommes du même avis.

Une voix. Evidemment !

M. Buffet. Mais, en admettant l'action de l'opinion publique sur le Gouvernement, de l'opinion publique officiellement formulée par les délégués du pays, voulez-vous poser en principe que si cette opinion publique détermine un changement dans la politique du Gouvernement, les hommes qui servaient avec conviction l'ancienne politique seront obligés de servir la nouvelle, afin qu'il n'y ait pas de crise ministérielle? Cela est évidemment impossible. J'ai donc droit de dire qu'on lutte souvent sur des formules et qu'on aurait plus de chances de s'entendre si l'on allait au fond des choses.

Lorsque je demande le droit d'interpellation, lorsque je demande la présence des ministres dans la Chambre, lorsque je demande des facilités nouvelles pour le droit d'amendement, bien des personnes sont tentées de répondre : Qu'est-ce que tout cela? ce sont les droits de la Chambre ; préoccupons-nous plutôt des droits du pays. Messieurs, je n'admets pas cette distinction.

Cette Chambre, à proprement parler, n'a aucun droit, elle ne fait qu'exercer les droits du pays. Seulement, parmi les droits du pays, il y a une distinction vraie à établir : les uns peuvent être exercés directement par les citoyens, les autres ne peuvent l'être que par délégation. Mais il y a entre ces différents droits un lien étroit; ils se complètent les uns les autres, et se servent réciproquement d'appui et de support.

Pour que cette Chambre ait l'autorité morale et constitutionnelle qu'elle doit avoir, il faut en effet nécessairement qu'elle soit en rapport intime avec le pays. Or, comment le sera-t-elle, comment l'est-elle en vertu du décret du 24 novembre ?

Ce décret du 24 novembre a parfaitement pourvu à la publicité sincère, complète, de nos débats. Sur ce point, je n'ai que des éloges à lui adresser ; seulement, je dois à ce propos exprimer le regret qu'une interprétation, à mon sens inexacte, donnée à l'article 42 de la Constitution, puisse avoir pour effet de priver les journaux du droit d'apprécier en toute liberté, dans les bornes, bien entendu, des convenances et de la modération (Rumeurs sur quelques bancs), les discussions parlementaires.

En effet, messieurs, on dit aux journaux : « Vous aurez le droit d'apprécier, mais prenez garde que votre appréciation, que votre critique ne dégénère en compte rendu. »

Eh bien, je ne crois pas, pour ma part, qu'il soit possible d'apprécier une séance parlementaire sans en rendre plus ou moins compte, et les personnes qui sont d'un avis différent feraient bien d'essayer. Je n'ai jamais vu un seul article appréciant, jugeant les discussions du parlement, qui n'en rendît plus ou moins compte.

On a dit : En pareille matière, la limite du droit des journaux ne peut être nettement posée par la loi. Cela me paraît, au contraire, très-facile ; car il suffirait de poser en principe que tout journal qui aura publié le compte rendu officiel ne sera pas exposé à voir son article de critique considéré comme un compte rendu déguisé, à moins qu'il ne suppose des incidents et des paroles dont le compte rendu officiel ne ferait pas mention.

Mais il ne suffit pas que nos débats puissent être discutés, il faut encore que les questions mêmes sur lesquelles ces débats doivent porter soient préalablement et librement discutées par la presse.

Je considère la presse comme l'auxiliaire nécessaire de la tribune. Je ne veux pas m'étendre longuement sur cette question de la presse, objet d'un amendement spécial qui sera développé par quelque-uns de nos honorables collègues; mais j'avoue que les considérations présentées hier, avec un talent auquel je rends pleine justice, par l'honorable M. Granier de Cassagnac, ne m'ont pas convaincu que, dans la situation actuelle, après quinze ans de calme et d'un gouvernement régulier, nous ne puissions pas espérer pour la presse un régime meilleur que celui qui la soumet purement et simplement à l'arbitraire administratif, à l'autorité discrétionnaire du ministre de l'intérieur ayant sur elle droit de vie et de mort; je ne puis pas, pour ma part, trouver que ce régime soit bon. Je ne me dissimule assurément aucun des abus et, à certains égards, des dangers de la presse; mais, tout en désirant une législation qui réprime ces abus autant qu'il est possible, je ne crois pas que l'on puisse laisser la presse dans la situation où elle est : car, malgré ces abus, pour tout homme qui réfléchit, la presse est véritablement la garantie des autres garanties. (Très-bien! très-bien!

Enfin, messieurs.... (Reposez-vous! reposez-vous!)

(La séance reste suspendue pendant un quart d'heure. Elle est reprise à quatre heures moins cinq minutes.)

M. le Président Walewski. Monsieur

Buffet, vous avez la parole pour continuer votre discours.

M. Buffet. Je suis vraiment confus d'avoir abusé si longtemps de la bienveillante attention de la Chambre: je ne prévoyais pas que les développements que j'ai donnés à ma pensée seraient aussi étendus; mais je ne demande plus à la Chambre que quelques instants pour achever ce que j'avais à lui dire. (Parlez! parlez!)

J'ai passé en revue les améliorations les plus désirables pour que ce droit fondamental de contrôle, reconnu par le décret du 24 novembre, s'exerce dans les conditions les plus favorables; il ne m'en reste plus qu'une seule à indiquer.

Quelque intimes, quelque directs que soient les rapports établis par la publicité de nos débats et de nos votes entre nos commettants et nous, il peut y avoir cependant des malentendus. Chacun de nous, au moment de reparaître devant les électeurs qui l'ont élu, pour leur demander la continuation du mandat qu'il en avait reçu, peut éprouver le besoin, doit même éprouver le besoin de donner des explications sur la manière dont il a rempli ce mandat. Une circulaire nécessairement brève, ne prévoyant pas d'ailleurs toutes les objections, peut-elle suffire?

Le Gouvernement a pensé, le discours de la Couronne nous l'atteste, que, lorsqu'il s'agit de débattre les conditions d'une association industrielle, d'une société coopérative, lorsqu'il s'agit d'en choisir le gérant, des réunions sont nécessaires, et la Couronne a déclaré que ces réunions seraient autorisées. Eh bien, messieurs, je demande si des réunions sont moins utiles, moins nécessaires, lorsqu'au lieu de choisir le gérant d'une société à laquelle on confiera quelques épargnes, les citoyens ont à élire leur délégué, leur mandataire, celui qui, en leur nom, participera à la direction des grandes affaires du pays? (Très-bien ! sur plusieurs bancs.) Je ne le pense pas, et je crois que ces réunions, que vous entourerez d'ailleurs des garanties qui paraîtront indispensables, devraient être libres pendant la période électorale. (Très-bien ! sur quelques bancs.)

Je crois avoir prouvé à la Chambre qu'en demandant, par notre amendement, en sollicitant les développements que comporte le décret du 24 novembre, nous ne manifestons pas de vagues aspirations libérales, que nous émettons des vœux parfaitement précis et déterminés.

Mais nous n'avons pas eu la prétention de présenter, même sous la forme la plus respectueuse, un programme arrêté à l'acceptation de la Couronne. Nous nous sommes bornés, comme c'était notre droit et surtout notre devoir, à exposer les vœux et les besoins du pays tels qu'ils nous apparaissent.

Ce devoir rempli, messieurs, notre tâche est terminée. Celle de la Couronne est autre; et je n'ai certainement pas la présomption d'indiquer comment cette tâche doit être accomplie. Si, dans sa sagesse, le Souverain pensait que les améliorations même les mieux démontrées et les plus incontestables doivent, pour ne rien compromettre, être successives et non pas simultanées, nous ne nous en plaindrions pas; et, pour ma part, j'avoue même que j'ai pour les améliorations successives une préférence marquée. Voici pourquoi :

Quand j'étudie l'histoire des quatre-vingts dernières années, quand je vois ce grand pays épris à certains moments jusqu'à l'enthousiasme, jusqu'à l'enivrement, des droits politiques, les revendiquer avec une ardeur sans égale, et, à d'autres moments, paraître s'en effrayer, s'en dégoûter, et se montrer disposé à en faire facilement l'abandon, quand je considère, messieurs, ces vicissitudes, qui sembleraient accuser notre pays d'une inconstance plus apparente que réelle, et quand je cherche les causes de ce douloureux phénomène, je dois avouer que parmi ces causes celle qui me frappe le plus est celle-ci :

Nous avons obtenu, après des crises plus ou moins violentes, les droits et les institutions qui constituent les gouvernements libres, nous les avons obtenus en une fois, comme faisant partie d'un ensemble parfaitement et très-logiquement organisé.

Les hommes les plus éclairés, les plus familiers avec les spéculations politiques, ont toujours très-bien compris l'esprit, la théorie de cet ensemble; mais il n'en a pas été de même, je le crains, du public en général.

Je crois que la masse du public n'a été que trop souvent frappée surtout du côté brillant, théâtral de ces institutions, qu'elle a été tantôt captivée par ces joutes émouvantes de la tribune, et puis effrayée lorsqu'elle a cru que ces luttes compromettaient ses intérêts.

Chez les nations, au contraire, où chaque droit a été acquis successivement après de longs efforts, l'usage des droits politiques est devenu plus aisément familier aux populations ; ces populations ont parfaitement vu qu'il y avait là des forces et des garanties d'autant plus nécessaires que les temps étaient plus difficiles et les crises plus sérieuses. Aussi ces peuples n'ont-ils jamais renoncé aux droits qu'ils avaient une fois acquis.

Eh bien, messieurs, sans renier aucune des pages de notre glorieuse histoire, si ce n'est certainement celles qui sont malheureuse-

ment teintes du sang des plus nobles, des plus
innocentes, des plus saintes et des plus au-
gustes victimes... (Très-bien ! très-bien !)

Sans renier, dis-je, sauf colles-là, aucune
des pages de notre grande histoire, et en reconnaissant même que la forme un peu méta-
physique et passionnée qu'ont revêtue chez nous
les aspirations libérales a pu leur communiquer un caractère généreux de cosmopoli-
tisme qui les a fait accepter dans le monde entier, en reconnaissant tout cela, je crois que nous
avons bien le droit aujourd'hui de nous dire que
le moment est venu de chercher à nous assurer
enfin à nous-mêmes la possession certaine, tran-
quille, définitive de ces libertés politiques que
nous avons contribué à répandre dans le monde.
(Approbation sur quelques bancs.) Et je crois
que nous pouvons, pour arriver à ce résultat,
sans copier servilement les institutions d'autres pays, nous inspirer des procédés qui leur
ont si bien réussi.

Marchons donc, messieurs, comme on l'a
fait ailleurs, marchons avec une prudente len-
teur ; mais marchons avec suite et sans nous
arrêter. N'oublions pas que, quelle que soit
la voie suivie, le but à atteindre, c'est la liberté politique, c'est-à-dire cet état d'une na-
tion arrivée à la pleine possession d'elle-même,
et véritablement maîtresse de ses destinées.
(Très-bien ! sur quelques bancs.)

Cet état, cette liberté politique, est et sera
toujours l'objet de la légitime ambition de la
France.

Comment ne le serait-elle pas ?

Les peuples qui n'ont pas eu cette ambition ou qui n'ont pas su en atteindre le but ne
méritent pas de compter dans l'histoire. (Même
mouvement.) Quand même les annales de ces
peuples seraient illustrées par quelques hauts
faits et par des héros, je dis que le lecteur qui

parcourt ces annales doit se répéter à lui-même ces paroles que, dans la *Divine Comédie*, l'ombre de Virgile adressait au Dante : «Regarde et passe.»

Quelques membres. Très-bien ! très-bien !

M. Buffet. La liberté politique est le légi-time objet de l'ambition de toutes les nations viriles; mais, messieurs, pour la posséder réellement, oh! je le reconnais, les lois ne suffisent pas. Il serait trop commode de pouvoir se procurer la liberté politique en la décrétant. Il faut encore se l'approprier par un long et pénible apprentissage. (Très-bien!) Et, dans cet apprentissage de la liberté politique, le pays a sans doute une part considérable, mais le rôle de la Couronne, celui d'une dynastie nationale est considérable aussi. (Très-bien!)

Pour remplir ce rôle, une dynastie ne peut pas, ne doit pas être un système. Le Prince que le pays a mis à sa tête a compris et j'ose dire qu'il comprendra toujours cette grande vérité : qu'il faut bien se garder, au lendemain des crises politiques, d'ériger des nécessités transitoires en maximes de gouvernement, en principes constitutionnels. Une dynastie, pour demeurer forte et nationale, doit s'adapter aux tendances, aux besoins du pays, divers selon les temps. Conduire la France sans secousses nouvelles, sans crises violentes, par l'accord et la confiance réciproques de la Couronne et du pays, à la vraie et pleine liberté politique, « c'est là, » pouvons-nous dire à l'Empereur, en employant le langage de l'Adresse, « c'est là, Sire, une œuvre digne de vous et de votre nom! » (Approbation mêlée d'applaudissements sur quelques bancs.»

Typographie E. Panckoucke et Ce, quai Voltaire, 13.